悩《なや》みや不安《ふあん》に
ふりまわされない!

きみを強《つよ》くする30のことば

偉人《いじん》に学《まな》ぶ生《い》き方《かた》のヒント

齋藤 孝 監修
すがわらけいこ 絵

はじめに

この本《ほん》を手《て》にしてくれているきみ、悩《なや》みや不安《ふあん》はありますか？　きっとあると思《おも》います。だって、悩《なや》みや不安《ふあん》はだれにでもあるものだから。もちろん、ぼくにもあります。

でもぼくには、悩《なや》みや不安《ふあん》にしっかり向《む》き合《あ》うための強《つよ》い味方《みかた》がいます。それは、歴史《れきし》に名前《なまえ》を残《のこ》すような「偉人《いじん》のことば」です。

どんな行動《こうどう》をすればいいか迷《まよ》ったとき、決断《けつだん》する勇気《ゆうき》をもらったり、失敗《しっぱい》して落《お》ち込《こ》んだとき、やさしくはげましてもらったり、ぼくはこれまで何度《なんど》も、偉人《いじん》のことばに助《たす》けられてきました。

だから、そんな偉人《いじん》のことばは、きみにも役立《やくだ》つはず！　――そう考《かんが》えて、ぼくはこの『悩《なや》みや不安《ふあん》にふりまわされない！　きみを強《つよ》くする30のことば』をつくりました。

この本《ほん》では、悩《なや》みや疑問《ぎもん》に答《こた》えるかたちで、偉人《いじん》のことばを紹介《しょうかい》します。登場《とうじょう》する偉人《いじん》は、孔子《こうし》、福沢諭吉《ふくざわゆきち》、孫子《そんし》、ブッダ、アドラーなど12人《にん》。とくに知《し》っておいてほしい30のことばを、わかりやすい「こども訳《やく》」にしています。

自分《じぶん》のことを嫌《きら》いになったとき、友《とも》だちとの関係《かんけい》で悩《なや》んだとき、将来《しょうらい》のことで不安《ふあん》になったとき、きみに力《ちから》をくれることばがきっとあります。それは、短《みじか》いことばかもしれないけれど、きみを助《たす》け、支《ささ》えてくれるものであると、ぼくは信《しん》じています。

この本《ほん》を読《よ》んだきみが、悩《なや》みや不安《ふあん》にふりまわされない強《つよ》い生《い》き方《かた》を手《て》に入《い》れられますように！

齋藤《さいとう》 孝《たかし》

第《だい》3章《しょう》 努力《どりょく》

がんばる勇気《ゆうき》をくれることば

第《だい》4章《しょう》 ピンチ

困難《こんなん》に立《た》ち向《む》かうためのことば

第《だい》5章《しょう》 夢《ゆめ》

未来《みらい》を切《き》り開《ひら》くことば

この本《ほん》の読《よ》み方《かた》

偉人《いじん》のことばには、生《い》き方《かた》のヒントがいっぱいつまっているよ。この本《ほん》を読《よ》んで、悩《なや》みや不安《ふあん》にふりまわされず、力強《ちからづよ》く生《い》きる人《ひと》をめざそう！

きみにおぼえておいてほしいことを、偉人《いじん》のせんせいがアドバイスしてくれるよ。

偉人《いじん》のことばをわかりやすく説明《せつめい》した「こども訳《やく》」だよ。悩《なや》みや疑問《ぎもん》に対《たい》する答《こた》えになっているよ。

みんながかかえている悩《なや》みや疑問《ぎもん》だよ。きみにあてはまるものもきっと見《み》つかるはず！

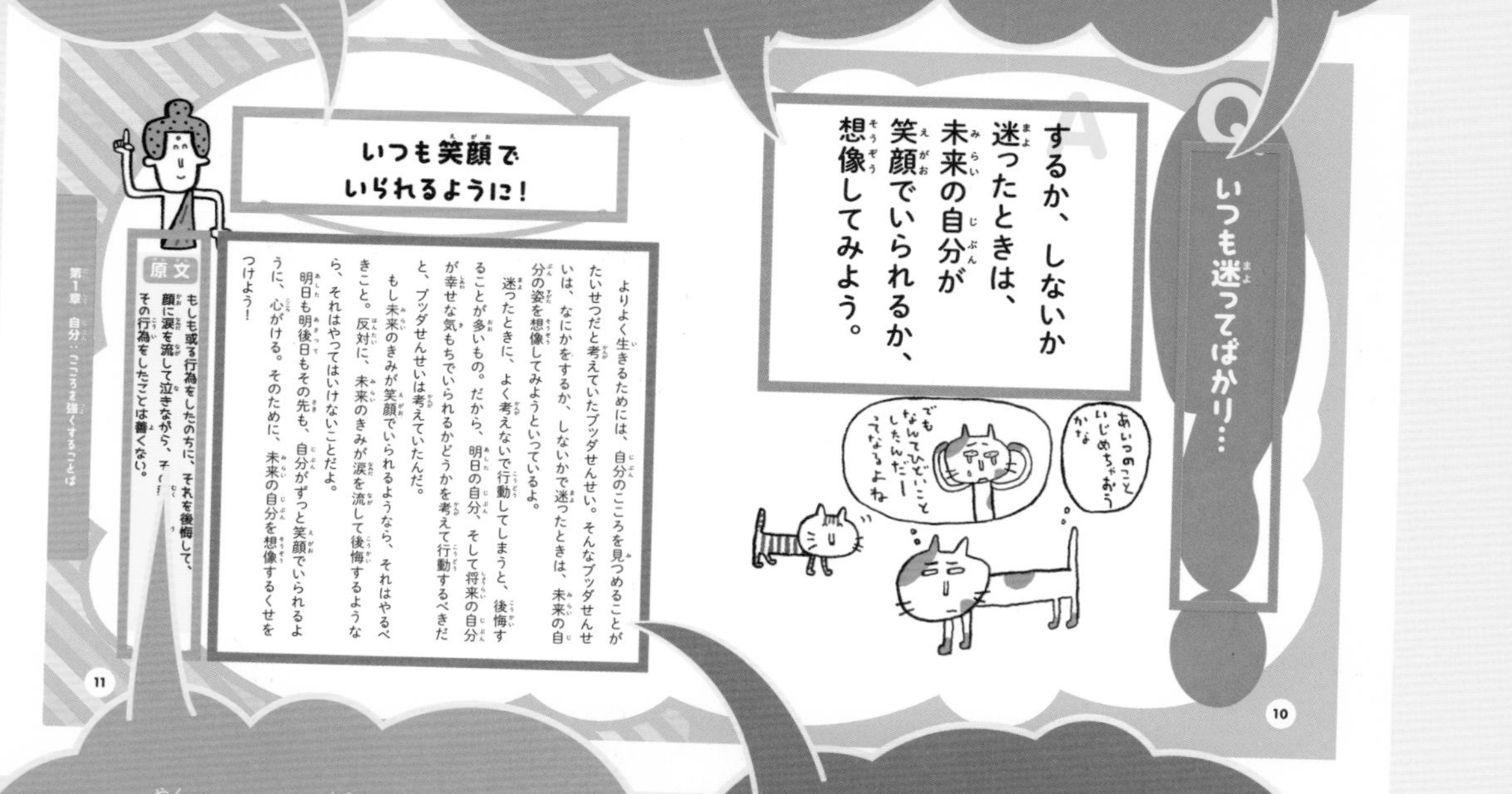

いつも迷《まよ》ってばかり…
するか、しないか迷《まよ》ったときは、未来《みらい》の自分《じぶん》が笑顔《えがお》でいられるか、想像《そうぞう》してみよう。
あいつのこといじめちゃおうかな
でもなんてひどいことしたんだーってなるよね
10
いつも笑顔でいられるように！
よりよく生きるためには、自分のこころを見つめることがたいせつだと考えていたブッダせんせい。そんなブッダせんせいは、なにかをするか、しないかで迷ったときは、未来の自分の姿を想像してみようといっているよ。
迷ったときに、よく考えないで行動してしまうと、後悔することが多いもの。だから、明日の自分、そして将来の自分が幸せな気もちでいられるかどうかを考えて行動するべきだと、ブッダせんせいは考えていたんだ。
もし未来のきみが笑顔でいられるようなら、それはやるべきこと。反対に、未来のきみが涙を流して後悔するようなら、それはやってはいけないことだよ。
明日も明後日もその先も、自分がずっと笑顔でいられるように、心がける。そのために、未来の自分を想像するくせをつけよう！
原文
もしも或る行為をしたのちに、それを後悔して、顔に涙を流して泣きながら、その行為をしたことは善くない。
第1章　自分：こころを強くすることば
11

「こども訳《やく》」をする前《まえ》の偉人《いじん》のことばだよ。元《もと》のことばを日本語訳《にほんごやく》したものもあるよ。

「こども訳《やく》」のくわしい解説《かいせつ》だよ。むずかしいときは、おとなの人《ひと》に聞《き》いてみよう。

きみを助《たす》ける！ 偉《い》人《じん》のせんせいたち

この本《ほん》ではぜんぶで12人《にん》の偉人《いじん》が、
きみの悩《なや》みや不安《ふあん》を解決《かいけつ》する「せんせい」になって登場《とうじょう》するよ。
お気《き》に入《い》りのせんせいやことばを見《み》つけよう。

スマイルズ

● 『自助論《じじょろん》』
● P.64
● P.40 P.58 P.70

ブッダ

● 『スッタニパータ』
● P.50
● P.10 P.30 P.62

孫《そん》子《し》

● 『孫子《そんし》』
● P.36
● P.26 P.60 P.68

孔《こう》子《し》

● 『論語《ろんご》』
● P.22
● P.44 P.52

アドラー

● 『人生《じんせい》の意味《いみ》の心理学《しんりがく》』
● P.64
● P.12 P.24 P.76

兼《けん》好《こう》法《ほう》師《し》

● 『徒然草《つれづれぐさ》』
● P.50
● P.46 P.66

マキャベリ

● 『君主論《くんしゅろん》』
● P.36
● P.18 P.38 P.74

福《ふく》沢《ざわ》諭《ゆ》吉《きち》

● 『学問《がくもん》のすすめ』
● P.22
● P.20 P.42

ドラッカー

● 『経営者《けいえいしゃ》の条件《じょうけん》』
● P.64
● P.48 P.72

アラン

● 『幸福論《こうふくろん》』
● P.50
● P.34 P.54

洪《こう》自《じ》誠《せい》

● 『菜根譚《さいこんたん》』
● P.36
● P.16 P.28 P.56

新《に》渡《と》戸《べ》稲《いな》造《ぞう》

● 『武士道《ぶしどう》』
● P.22
● P.14 P.32

● 代表作《だいひょうさく》
● 人物紹介《じんぶつしょうかい》があるページ
● ことばが紹介《しょうかい》されているページ

第《だい》1章《しょう》

自分《じぶん》

こころを強《つよ》くすることば

性格《せいかく》を変《か》えたい……、自信《じしん》がもてない……、
自分自身《じぶんじしん》の悩《なや》みって、けっこうあるよね。
この章《しょう》では、「自分《じぶん》」と向《む》き合《あ》い
こころを強《つよ》くすることばを紹介《しょうかい》するよ。

Q いつも迷《まよ》ってばかり…

A

するか、しないか
迷《まよ》ったときは、
未来《みらい》の自分《じぶん》が
笑顔《えがお》でいられるか、
想像《そうぞう》してみよう。

あいつのこと
いじめちゃおう
かな
でも
なんてひどいこと
したんだー!
ってなるよね

いつも笑顔《えがお》でいられるように！

よりよく生《い》きるためには、自分《じぶん》のこころを見《み》つめることがたいせつだと考《かんが》えていたブッダせんせい。そんなブッダせんせいは、なにかをするか、しないかで迷《まよ》ったときは、未来《みらい》の自《じ》分《ぶん》の姿《すがた》を想像《そうぞう》してみようといっているよ。

迷《まよ》ったときに、よく考《かんが》えないで行動《こうどう》してしまうと、後悔《こうかい》することが多《おお》いもの。だから、明日《あした》の自分《じぶん》、そして将来《しょうらい》の自分《じぶん》が幸《しあわ》せな気《き》もちでいられるかどうかを考《かんが》えて行動《こうどう》するべきだと、ブッダせんせいは考《かんが》えていたんだ。

もし未来《みらい》のきみが笑顔《えがお》でいられるようなら、それはやるべきこと。反対《はんたい》に、未来《みらい》のきみが涙《なみだ》を流《なが》して後悔《こうかい》するようなら、それはやってはいけないことだよ。

明日《あした》も明後日《あさって》もその先《さき》も、自分《じぶん》がずっと笑顔《えがお》でいられるように、心《こころ》がける。そのために、未来《みらい》の自分《じぶん》を想像《そうぞう》するくせをつけよう！

原文《げんぶん》

もしも或《あ》る行為《こうい》をしたのちに、それを後悔《こうかい》して、顔《かお》に涙《なみだ》を流《なが》して泣《な》きながら、その報《むく》いを受《う》けるならば、その行為《こうい》をしたことは善《よ》くない。

Q こんな性格《せいかく》の自分《じぶん》はイヤ！

A 嫌《きら》いな自分《じぶん》をつくったのは自分《じぶん》。それなら自分《じぶん》で変《か》えられる。

いつだって 自分《じぶん》で選《えら》びなおせる！

原文《げんぶん》

感情《かんじょう》は人《ひと》のライフスタイルの真《しん》の表現《ひょうげん》であり、ライフスタイルを変《か》える時《とき》にだけ根絶《こんぜつ》される……

「自分《じぶん》の性格《せいかく》がイヤで変《か》えたいけど、そんなのできないよね……」なんて、きみは考《かんが》えたことないかな？　たしかに簡《かん》単《たん》ではなさそうだよね。でも、だいじょうぶ！　アドラーせんせいは、「性格《せいかく》は幼《おさな》いころに自分《じぶん》で選《えら》んだものだから、いくつになっても選《えら》びなおせる」と考《かんが》えていたよ。

たとえば、きみが人《ひと》と話《はな》すのが苦手《にがて》な「人見知《ひとみし》り」な性格《せいかく》だとしたら、それはやっぱりきみ自身《じしん》が選《えら》んだもの。「好《す》きで人見知《ひとみし》りになったわけじゃない！」と思《おも》うかもしれないけれど、それはちがうよ。アドラーせんせいによれば、苦手《にがて》な人《ひと》を遠《とお》ざけ、きずつくことをさけるために、気《き》づかないうちに自分《じぶん》で、その「人見知《ひとみし》り」という性格《せいかく》を選《えら》んだんだ。

もしきみが本当《ほんとう》に、自分《じぶん》の性格《せいかく》がイヤだと思《おも》っているのなら、性格《せいかく》は必《かなら》ず変《か》えることができる。理想《りそう》の自分《じぶん》を選《えら》びなおそう！

Q

自信《じしん》をもちたい！

A

「はずかしい」
という気《き》もちは、
自信《じしん》をもてる
自分《じぶん》になる
ためのヒント。

はずかしくない行動《こうどう》をしよう！

武士《ぶし》の生《い》き方《かた》を通《とお》して、日本人《にほんじん》の考《かんが》え方《かた》を海外《かいがい》に伝《つた》えた新《に》渡《と》戸《べ》せんせい。武士《ぶし》の生《い》きる姿勢《しせい》には、自信《じしん》をもてる自分《じぶん》になるためのヒントがあるといっているよ。

それは、名誉《めいよ》をだいじにする姿勢《しせい》。名誉《めいよ》とは、立派《りっぱ》であるということだよ。武士《ぶし》はつねに名誉《めいよ》を意識《いしき》して、はずかしくない行動《こうどう》をしようと考《かんが》えていたんだ。

「はずかしい」という気《き》もちは、人《ひと》がどう思《おも》うかは関係《かんけい》ない。自分《じぶん》に対《たい》して、自分《じぶん》で感《かん》じるものだよ。もしきみが掃除《そうじ》をさぼって、そのことにだれも文句《もんく》をいわなかったとしても、きみのこころは「はずかしいな」って感《かん》じているんじゃないかな。その感覚《かんかく》がとてもたいせつなんだ。

はずかしくない行動《こうどう》をする。それは、ほかの人《ひと》が見《み》ていなくても、変《か》わらずにもち続《つづ》ける自分《じぶん》との約束《やくそく》。自分《じぶん》との約束《やくそく》を守《まも》ることが自信《じしん》をもてる自分《じぶん》につながるんだ。

原文《げんぶん》

名誉《めいよ》に関《かん》する武士《ぶし》の極端《きょくたん》なる敏感性《びんかんせい》の中《なか》に、純粋《じゅんすい》なる徳《とく》の潜在《せんざい》を認《みと》めえないであろうか。

Q

自分《じぶん》がどう思《おも》われているか
気《き》になる…

A

ほめことばも、
悪口《わるぐち》も、
本当《ほんとう》のきみとは
無関係《むかんけい》かも
しれないよ。

人《ひと》の評価《ひょうか》に ふりまわされすぎない！

ちょっとほめられるとはしゃいで、逆《ぎゃく》にちょっと悪口《わるぐち》をいわれると落《お》ち込《こ》んでしまう。きみにもそんな経験《けいけん》があるかもしれないね。そんなきみには、洪《こう》せんせいのことばを知《し》ってほしい。

人《ひと》は、ほかの人《ひと》を評価《ひょうか》するとき、意外《いがい》と表面《ひょうめん》だけを見《み》て判断《はんだん》していることが多《おお》いんだ。たとえば、大《おお》きな家《いえ》に住《す》み、高価《こうか》な服《ふく》を着《き》ていれば立派《りっぱ》だと考《かんが》え、反対《はんたい》に、小《ちい》さな家《いえ》に住《す》み、粗末《そまつ》な服《ふく》を着《き》ていればバカにする。こんなふうに、目《め》に見《み》えるものだけで評価《ひょうか》して、その人自身《ひとじしん》を見《み》ていないことって、けっこうあるんだ。

つまり、人《ひと》が自分《じぶん》をどう判断《はんだん》するかは、簡単《かんたん》に変《か》わってしまうってこと。だから、ほめられて喜《よろこ》びすぎたり、けなされて悩《なや》みすぎたりする必要《ひつよう》はないんだ。そんな評価《ひょうか》に惑《まど》わされず、きみ自身《じしん》をみがいていくことがだいじだよ！

原文《げんぶん》

我《われ》、貴《とうと》くして、人《ひと》、之《これ》を奉《ほう》ずるは、此《こ》の峨冠大帯《がかんだいたい》を奉《ほう》ずるなり。我《われ》、賤《いや》しくして、人《ひと》、之《これ》を侮《あなど》るは、此《こ》の布衣草履《ふいそうり》を侮《あなど》るなり。

Q すぐ人《ひと》に影響《えいきょう》されてしまう…

A

たくさんの人《ひと》と
つき合《あ》いながら、
自分《じぶん》らしく
いるための
注意《ちゅうい》もしよう。

ノロノロしてんじゃねーよ！
ちょっと乱暴《らんぼう》なゲンちゃん
いつもするどい意見《いけん》のまきちゃん
その服《ふく》かっこわるーい！
どうしたらいいかな？
決断力《けつだんりょく》がないめぐちゃん
そしてぼくらはぼく！

よい影響《えいきょう》だけ取《と》り入《い》れよう！

もしきみが、すぐにまわりの人《ひと》から影響《えいきょう》を受《う》けてしまうタイプなら、マキャベリせんせいのこのアドバイスがきっと役《やく》に立《た》つよ。

さまざまな人《ひと》と接《せっ》して影響《えいきょう》を受《う》けることは、だいじなこと。きみが自分《じぶん》を育《そだ》てるチャンスになるよ。でも世《よ》の中《なか》には、やさしい人《ひと》や正直《しょうじき》な人《ひと》ばかりじゃなく、いじわるな人《ひと》やウソつきな人《ひと》もいるよね。だから、そんな人《ひと》から悪《わる》い影響《えいきょう》を受《う》けてしまわないように、注意《ちゅうい》することも必要《ひつよう》だよ。

たいせつなのは、いろいろな人《ひと》とつき合《あ》いながら、つねに自《じ》分《ぶん》を保《たも》つこと。そのためには、どんな人《ひと》に出会《であ》っても、戸惑《とまど》ったりきずついたりせず、「こういう人《ひと》もいるんだ」とさらりと受《う》け流《なが》せるようになりたいね。

悪《わる》い影響《えいきょう》はしっかりはね返《かえ》し、よい影響《えいきょう》だけを自分《じぶん》に取《と》り入《い》れて、自分《じぶん》らしさを育《そだ》てていこう！

原文《げんぶん》

すべての面《めん》において善《よ》い行《おこな》いをしたいとねがう人間《にんげん》は、よからぬ多数《たすう》の人々《ひとびと》のなかにあって、破滅《はめつ》せざるをえない。

Q どんな自分《じぶん》になればいい？

A

「自分《じぶん》のため」は
あたりまえ。
力《ちから》をつけて
「社会《しゃかい》のため」に
役立《やくだ》つ人《ひと》になろう！

やっとぼくの家《いえ》ができたよ
つぎはこんな道《みち》をつくったらみんな便利《べんり》だね

自立《じりつ》の先《さき》をめざそう！

「どんな自分《じぶん》になるべきか？」――これは、おとなでも答《こた》えるのがむずかしい質問《しつもん》だよ。

でも諭吉《ゆきち》せんせいは、その答《こた》えをちゃんともっていたよ。それは、まず自分《じぶん》の力《ちから》で生《い》きていける自立《じりつ》した人間《にんげん》になるべき。そして、自立《じりつ》した人間《にんげん》になったらもう一歩《いっぽ》ふみ出《だ》して、人《ひと》の役《やく》に立《た》つ人間《にんげん》をめざすべき。諭吉《ゆきち》せんせいはそう考《かんが》えていたんだ。

きみがしっかりと自立《じりつ》して、人《ひと》の役《やく》に立《た》つことをすれば、ほかの人《ひと》もきっときみを助《たす》けてくれる。そうやって毎日《まいにち》をすごしていけば、仲間《なかま》が増《ふ》えて、やがてきみ1人《ひとり》の力《ちから》ではできないこともできるようになるよ。そして、そんなきみは、大《おお》きく社会《しゃかい》の役《やく》に立《た》つこともできるようになるんだ。

まずは自立《じりつ》した人間《にんげん》になることをめざそう。そしていつか、人《ひと》と協力《きょうりょく》し合《あ》って社会《しゃかい》の役《やく》に立《た》てる人《ひと》になろう！

原文《げんぶん》

人《ひと》たるものはただ一身一家《いっしんいっか》の衣食《いしょく》を給《きゅう》しもって自《みずか》ら満足《まんぞく》すべからず、人《ひと》の天性《てんせい》にはなおこれよりも高《たか》き約束《やくそく》あるものなれば、人間交際《にんげんこうさい》の仲間《なかま》に入《はい》り、その仲間《なかま》たる身分《みぶん》をもって世《よ》のために勉《つと》むるところなかるべからず……

孔子《こうし》

孔子《こうし》は、いまから2500年《ねん》ほど前《まえ》の中国《ちゅうごく》で活躍《かつやく》した学者《がくしゃ》だよ。貧《まず》しい家庭《かてい》に生《う》まれ、読《よ》み書《か》きなど簡単《かんたん》な教育《きょういく》しか受《う》けていなかったけれど、自分《じぶん》で勉強《べんきょう》して塾《じゅく》を開《ひら》くほどになったんだ。

孔子《こうし》は、人間《にんげん》として立派《りっぱ》な人《ひと》が増《ふ》えれば、国《くに》もよくなると考《かんが》えて、1人《ひとり》ひとりのこころをだいじにしていたよ。そんな孔子《こうし》のことばを、弟子《でし》たちが書物《しょもつ》にまとめたのが『論語《ろんご》』だよ。『論語《ろんご》』は、人《ひと》としての生《い》き方《かた》や社会《しゃかい》のルールを教《おし》えてくれるんだ。

福沢諭吉《ふくざわゆきち》

江戸時代《えどじだい》の終《お》わりごろ、1835年《ねん》、福沢諭吉《ふくざわゆきち》は武士《ぶし》の家《いえ》に生《う》まれたよ。とても勉強熱心《べんきょうねっしん》で、英語《えいご》やオランダ語《ご》をおぼえてアメリカやヨーロッパに渡《わた》り、海外《かいがい》の進《すす》んだ文化《ぶんか》を学《まな》んだんだ。

明治時代《めいじじだい》になると、諭吉《ゆきち》は『学問《がくもん》のすすめ』を出版《しゅっぱん》するよ。新《あたら》しい時代《じだい》の生《い》き方《かた》を示《しめ》し、多《おお》くの人《ひと》を元気《げんき》づけたこの本《ほん》は340万《まん》部《ぶ》も売《う》れて、大《だい》ベストセラーになったんだ。ほかにも、教育者《きょういくしゃ》として慶應義塾《けいおうぎじゅく》を創設《そうせつ》したことでも有名《ゆうめい》だよ。

新渡戸稲造《にとべいなぞう》

江戸時代末《えどじだいまつ》の1862年《ねん》、新渡戸稲造《にとべいなぞう》は武士《ぶし》の家《いえ》に生《う》まれ、きびしく育《そだ》てられたよ。成長《せいちょう》すると、「太平洋《たいへいよう》のかけ橋《はし》になる」という夢《ゆめ》をもち、英語《えいご》や農学《のうがく》を猛勉強《もうべんきょう》。アメリカ留学《りゅうがく》もしたよ。

その後《ご》、日本人《にほんじん》のことを海外《かいがい》に伝《つた》えるため、新渡戸《にとべ》は『武士道《ぶしどう》』という本《ほん》を英語《えいご》で出版《しゅっぱん》。武士《ぶし》の生《い》き方《かた》を通《とお》して日本人《にほんじん》の道徳《どうとく》などを紹介《しょうかい》したこの本《ほん》は、世界中《せかいじゅう》で翻訳《ほんやく》されたよ。有名《ゆうめい》になった新渡《にと》戸《べ》は、1920年《ねん》に国際連盟《こくさいれんめい》の責任者《せきにんしゃ》の1人《ひとり》に選《えら》ばれたんだ。

第《だい》2章《しょう》

仲間《なかま》

人《ひと》とうまく関《かか》わるためのことば

人《ひと》はだれでも、たくさんの人《ひと》たちと関《かか》わりながら生《い》きていくよ。
でも、人間関係《にんげんかんけい》って、とてもデリケートなもの。
この章《しょう》で、「仲間《なかま》」をたいせつにする心《こころ》がまえなど
人《ひと》とうまく関《かか》わるためのことばを知《し》ろう。

Q 友《とも》だちとなかよくする方法《ほうほう》って?

A 他人《たにん》は自分《じぶん》の思《おも》い通《どお》りにはならない。そう考《かんが》えればできることが自然《しぜん》と見《み》えてくるよ。

自分《じぶん》と他人《たにん》はべつの個性《こせい》！

幸《しあわ》せに生《い》きるには、まわりの人《ひと》との関係《かんけい》がだいじだといっているアドラーせんせい。そんなアドラーせんせいは、きみによい人間関係《にんげんかんけい》をつくるためのヒントを教《おし》えてくれるよ。

アドラーせんせいは、まわりの人《ひと》に対《たい》して、「ああしなければいけない」「こうすべきだ」という思《おも》いを、もたないほうがよいと考《かんが》えていたよ。そんな気《き》もちは、「雨《あめ》と闘《たたか》う」ようなものだといっているんだ。これは、いくらがんばっても、雨《あめ》が降《ふ》るのを止《と》められないように、まわりの人《ひと》を変《か》えようとがんばっても、変《か》えることは不可能《ふかのう》だという意味《いみ》だよ。

もしきみが相手《あいて》の行動《こうどう》や態度《たいど》をよいと思《おも》えなくても、それは相手《あいて》の個性《こせい》だと考《かんが》えよう。相手《あいて》の個性《こせい》を認《みと》めれば、相手《あいて》も自分《じぶん》の個性《こせい》を認《みと》めてくれるはずだよ。他人《たにん》を自分《じぶん》の思《おも》い通《どお》りにしたいという気《き》もちをなくすこと。それが、よい人間関係《にんげんかんけい》をつくるコツなんだ！

原文《げんぶん》

……雨《あめ》と闘《たたか》ったり、負《ま》かそうとしても無駄《むだ》だ。

Q 友《とも》だちを怒《おこ》らせてしまった…

A

トラブルは長引《ながび》くと
解決《かいけつ》がむずかしく
なってしまうよ。

たいへんなことこそ早《はや》めに解決《かいけつ》！

戦《たたか》いのなかでたくさんのトラブルを乗《の》りこえてきた孫子《そんし》せんせい。そんな孫子《そんし》せんせいは、トラブルに対《たい》して、「完璧《かんぺき》だけど遅《おそ》い」より、「十分《じゅうぶん》ではないけど早《はや》い」行動《こうどう》のほうがよいといっているよ。

もしかしたらきみは、「行動《こうどう》する前《まえ》にしっかり準備《じゅんび》しないとダメだよ」と思《おも》うかもしれないね。でも、困《こま》ったことを放《ほう》っておくと、どんどん解決《かいけつ》がむずかしくなってしまうことが多《おお》いんだ。だから、十分《じゅうぶん》な準備《じゅんび》が整《ととの》わなくても早《はや》く行動《こうどう》することに大《おお》きな意味《いみ》があるんだよ。

たとえば、きみが友《とも》だちとケンカをしてしまったとき、時《じ》間《かん》が経《た》つほど仲直《なかなお》りがしづらくなるよね。それに、ケンカのことがいつも気《き》になって、なにをしても楽《たの》しめなくなってしまうよ。だから、たいへんなことこそ、できるだけ早《はや》く解決《かいけつ》するようにしよう。

原文《げんぶん》

兵《へい》は拙速《せっそく》なるを聞《き》くも、
未《いま》だ巧久《こうきゅう》なるを睹《み》ざるなり。

Q 親切《しんせつ》にしたのに忘《わす》れられた…

A 人《ひと》にした親切《しんせつ》なんて、さっさと忘《わす》れてしまおう。人《ひと》にかけてしまった迷惑《めいわく》こそ、ずっと忘《わす》れないでいよう。

宿題《しゅくだい》教《おし》えてくれてありがとう
でも、昨日《きのう》牛乳《ぎゅうにゅう》あげたから当然《とうぜん》だよね!
それとこれはベツじゃないの?

「おたがいさま」の気《き》もちがかっこいい!

だれかに親切《しんせつ》なことをすると、「役《やく》に立《た》てたのかな」って気分《きぶん》がよくなるよね。相手《あいて》に「ありがとう」っていわれて、ずっとおぼえていたいぐらいうれしい気《き》もちになったこと、きみにもあるかな?

でも、人《ひと》に親切《しんせつ》にしたことは早《はや》く忘《わす》れてしまおうと、洪《こう》せんせいはいっているんだ。だれかに感謝《かんしゃ》されるような行動《こうどう》はとても立派《りっぱ》! でも、それをいつまでもおぼえておく必要《ひつよう》はないよ。「おたがいさま」と思《おも》って、すぐ忘《わす》れる人《ひと》のほうがかっこいいよね。

逆《ぎゃく》に、人《ひと》に迷惑《めいわく》をかけてしまったことは、ずっとおぼえておこう。思《おも》い出《だ》すたび、悲《かな》しくなったり、はずかしくなったりしそうだけれど、けっして忘《わす》れてはいけないよ。そのつらい思《おも》い出《だ》こそ、きみがこれからよい友《とも》だち関係《かんけい》をつくっていくための助《たす》けになるからね。

原文《げんぶん》

我《われ》、人《ひと》に功有《こうあ》るも、念《おも》うべからず。
而《しか》るに、過《あやま》たば則《すなわ》ち念《おも》わざるべからず

Q

欠点《けってん》を注意《ちゅうい》されて、おもしろくない！

A

欠点《けってん》を教《おし》えてくれる人《ひと》こそ、必要《ひつよう》だよ。

成長《せいちょう》のヒントを受《う》け止《と》めよう！

きみのまわりには、どんな人《ひと》がいる？　きみのことをほめてくれる人《ひと》や、いつも笑《わら》わせてくれる人《ひと》、いろいろな人《ひと》がいるはず。ブッダせんせいは、そのなかでも、きみの欠点《けってん》を注意《ちゅうい》してくれる人《ひと》こそ必要《ひつよう》だと考《かんが》えていたよ。

「欠点《けってん》を注意《ちゅうい》されるのなんかイヤだ！」って、きみは思《おも》うかもしれないね。友《とも》だちからいわれれば腹《はら》が立《た》つし、親《おや》や先生《せんせい》にいわれても、やっぱりおもしろくない。でも、注意《ちゅうい》してくれるってことは、きみのことを本当《ほんとう》に考《かんが》えてくれているってことだよ。

それに、きみのまわりにいる人《ひと》だからこそ、わかることもけっこうあるんだ。そこには、自分《じぶん》では気《き》づけなかった成長《せいちょう》のヒントが、きっとかくされているよ！

だから、欠点《けってん》を教《おし》えられたら、落《お》ち込《こ》んだり、怒《おこ》ったりしないで、素直《すなお》に受《う》け止《と》めよう。

原文《げんぶん》

〔自分《じぶん》の過《あやま》ちを教《おし》えてくれる〕聡明《そうめい》な人《ひと》に会《あ》ったならば、その賢《かしこ》い人《ひと》につき従《したが》え……そのような人《ひと》につき従《したが》うならば、善《よ》いことがあり、悪《わる》いことは無《な》い。

Q

嫌《きら》われるのがイヤで
注意《ちゅうい》できない…

A

たいせつな人《ひと》が
まちがっていたら、
きっぱり忠告《ちゅうこく》しよう。
それが本当《ほんとう》に相手《あいて》を
たいせつにすること。

明日《あした》がゴミの日《ひ》だけど夜《よる》のうちに出《だ》しちゃおっと…
ママそれはダメだよ!

嫌《きら》われる覚悟《かくご》も必要《ひつよう》！

「たいせつな人《ひと》がまちがったことをしていたら、どうする？」——この質問《しつもん》に、きみならどう答《こた》える？　新渡戸《にとべ》せんせいの答《こた》えは、「その人《ひと》に嫌《きら》われたとしても、本気《ほんき》で忠告《ちゅうこく》すべき」だよ。

だれだって、人《ひと》を注意《ちゅうい》するのはイヤなもの。相手《あいて》が怒《おこ》ったり、きずついたりしたらどうしよう……って考《かんが》えてしまうよね。でも、相手《あいて》が「たいせつな人《ひと》」だからこそ、勇気《ゆうき》を出《だ》して正《ただ》しいことを伝《つた》えなくてはいけないよ。そうしなければ、きみのたいせつな人《ひと》は、ずっとまちがった行動《こうどう》をとり続《つづ》けることになってしまうからね。

その人《ひと》に嫌《きら》われることになるとしても、相手《あいて》のためになる行動《こうどう》を選《えら》ぶ。そんな強《つよ》さが必要《ひつよう》なんだ。そのときは理解《りかい》してもらえなくても、きみのまっすぐな気《き》もちが伝《つた》われば、相手《あいて》だってきっとわかってくれるよ！

原文《げんぶん》

臣《しん》が君《きみ》と意見《いけん》を異《こと》にする場合《ばあい》、彼《かれ》の取《と》るべき忠義《ちゅうぎ》の途《みち》は……あらゆる手段《しゅだん》をつくして君《きみ》の非《ひ》を正《ただ》すにあった。

Q 落《お》ち込《こ》んでいる友《とも》だちがいる…

A いっしょに泣《な》くよりも自分《じぶん》は元気《げんき》でいることが、相手《あいて》にとって1番《ばん》のくすり。

自分《じぶん》は明《あか》るく 元気《げんき》にふるまおう！

なかのよい友《とも》だちに悲《かな》しい出来事《できごと》があったみたい……。きみはいっしょに悲《かな》しむ？　それとも、元気《げんき》になるようにはげます？　アランせんせいによれば、もっといい方法《ほうほう》があるらしいよ。

悲《かな》しんでいる人《ひと》の気《き》もちによりそうのはだいじなこと。でも、アランせんせいは、そんなときこそ、きみはいつものように明《あか》るく元気《げんき》にふるまったほうがいいといっているんだ。その理由《りゆう》は逆《ぎゃく》の立場《たちば》になってみればわかるはず。自分《じぶん》のことでだいじな友《とも》だちが悲《かな》しんでいると思《おも》ったら、どう感《かん》じるかな？　きっと、心配《しんぱい》をかけないようにムリに元気《げんき》なふりをするよね。はげまされてもやっぱり同《おな》じだよね。

友《とも》だちが悲《かな》しんでいたら相手《あいて》の気《き》もちを想像《そうぞう》する。でも、それをおもてに出《だ》さずに、きみの明《あか》るい表情《ひょうじょう》を見《み》せてあげよう。友《とも》だちも悲《かな》しみから抜《ぬ》け出《だ》す力《ちから》がわいてくるはずだよ。

原文《げんぶん》

実際《じっさい》、彼《かれ》をあわれみすぎてはならない。

孫子《そんし》

孫子《そんし》が活躍《かつやく》したのは、いまから2500年《ねん》くらい前《まえ》の中国《ちゅうごく》。いろいろな国《くに》が戦争《せんそう》をくり返《かえ》していた時代《じだい》だよ。孫子《そんし》は呉《ご》という国《くに》の軍師《ぐんし》で、戦《たたか》いに関《かん》してすぐれた才能《さいのう》をもっていたんだ。

そんな孫子《そんし》が書《か》いた『孫子《そんし》』という書物《しょもつ》は、もっともすぐれた兵《へい》法書《ほうしょ》といわれているよ。兵法《へいほう》とは、戦争《せんそう》で勝《か》つための考《かんが》え方《かた》や戦《たたか》い方《かた》のこと。でも、それだけでなく、わたしたちが生《い》きていくなかで、いろいろな問題《もんだい》と向《む》き合《あ》うときも、とても参考《さんこう》になるんだ。

マキャベリ

マキャベリは、1469年《ねん》、当時《とうじ》イタリア半島《はんとう》にあったフィレンツェ共和国《きょうわこく》という国《くに》で生《う》まれた人《ひと》だよ。外交官《がいこうかん》となって、たくさんの国《くに》との交渉《こうしょう》にあたり活躍《かつやく》したんだ。

その後《ご》、国《くに》の政治《せいじ》が大《おお》きく変化《へんか》して、仕事《しごと》を失《うしな》ってしまったマキャベリは、就職活動《しゅうしょくかつどう》のため、『君主論《くんしゅろん》』という本《ほん》に自分《じぶん》の知識《ちしき》をまとめるよ。「君主《くんしゅ》＝リーダー」とはどうあるべきかをまとめた本《ほん》で、決断力《けつだんりょく》や信頼《しんらい》などの重要性《じゅうようせい》を教《おし》えてくれるんだ。

洪自誠《こうじせい》

いまから400年《ねん》ほど前《まえ》の中国《ちゅうごく》で書《か》かれた『菜根譚《さいこんたん》』。その著者《ちょしゃ》が洪自誠《こうじせい》だよ。洪《こう》がどんな人《ひと》だったのかは、じつはよくわかっていないけれど、国《くに》の役人《やくにん》だったと考《かんが》えられているんだ。

なんらかの理由《りゆう》で仕事《しごと》をやめた後《あと》に、洪《こう》は『菜根譚《さいこんたん》』を書《か》くよ。このころ、国《くに》は荒れていて、そのようすを見《み》て、人《ひと》はどのように生《い》きれば幸《しあわ》せになれるのかを考《かんが》えた洪《こう》は、『菜根譚《さいこんたん》』に生《い》きていくうえで役立《やくだ》つ考《かんが》えをまとめたんだ。

第《だい》3章《しょう》

努力《どりょく》

がんばる勇気《ゆうき》をくれることば

なんだかがんばれないときや
人《ひと》に頼《たよ》りたくなるときってあるよね。
この章《しょう》では、「努力《どりょく》」を続《つづ》けるために
がんばる勇気《ゆうき》をくれることばを学《まな》ぼう。

Q 努力《どりょく》ってそんなにだいじ？

A

努力《どりょく》で身《み》につけた
強《つよ》さは、
どんなピンチでも
自分《じぶん》を守《まも》って
くれるよ。

本当《ほんとう》の強《つよ》さを
身《み》につけるのよ！
空《そら》を飛《と》べるまで
あきらめないぞ！

続《つづ》けることで パワーアップ！

「努力《どりょく》がたいせつ！」とわかっていても、さぼりたい気《き》もちになったり、がんばることに疲《つか》れてしまったりすることってあるんじゃないかな？　そんなとき、きみを助《たす》けてくれるのが、マキャベリせんせいのこのアドバイスだよ。

苦手《にがて》な算数《さんすう》のテストで満点《まんてん》をとったとか、さかあがりができるようになったとか、努力《どりょく》して目標《もくひょう》を達成《たっせい》するのは、すごいことだよね。だけど、じつはなによりすごいのは、きみが途中《とちゅう》であきらめようとする弱《よわ》いこころに勝《か》ったということ。そんな努力《どりょく》で手《て》に入《い》れた本当《ほんとう》の強《つよ》さは、どんなピンチでもきみを支《ささ》え、守《まも》ってくれるはずだよ。

努力《どりょく》をつみ重《かさ》ねるのは、そんなに簡単《かんたん》なことではない。だからこそ、大《おお》きな価値《かち》があるんだ。もしあきらめたくなったら、努力《どりょく》はきみを確実《かくじつ》にパワーアップさせてくれるってことを思《おも》い出《だ》してみて！

原文《げんぶん》

（革命《かくめい》を目《め》ざす君主《くんしゅ》が、）自分《じぶん》の能力《のうりょく》を信《しん》じ、いざというときに実力《じつりょく》を行使《こうし》できるならば、めったに窮地《きゅうち》におちいることがない。

Q

人《ひと》を頼《たよ》ってもいいよね？

A

自分《じぶん》を成長《せいちょう》させるのは、他人《たにん》ではなく自分自身《じぶんじしん》。

がんばれ
ぼく
がんばってる
ところ
ちゃーんと
見《み》てるよ

自分《じぶん》を頼《たよ》れば成長《せいちょう》できる！

「ほかの人《ひと》を頼《たよ》らないで、自分自身《じぶんじしん》を頼《たよ》りにする」――これは、自分《じぶん》の力《ちから》で人生《じんせい》を切《き》り開《ひら》くために、たくさんの人《ひと》をはげましてきたスマイルズせんせいの考《かんが》え方《かた》だよ。

これからのきみの人生《じんせい》は、いつでもやさしいことばかりがあるわけじゃない。困難《こんなん》なときだって、あるものだよ。そんなとき、いつもほかの人《ひと》が、きみを助《たす》けてくれるとは限《かぎ》らない。それに、ほかの人《ひと》に頼《たよ》ってばかりでは、きみ自身《じしん》が本当《ほんとう》に成長《せいちょう》することをむずかしくしてしまうよ。

たいせつなのは、まず自分《じぶん》でがんばるって覚悟《かくご》すること。そして、自分自身《じぶんじしん》が頼《たよ》れる自分《じぶん》になるための努力《どりょく》をすること。毎日少《まいにちすこ》しずつでも努力《どりょく》をつみ重《かさ》ねていけば、きみは大《おお》きく成長《せいちょう》できるよ。

ほかの人《ひと》を頼《たよ》ってばかりではダメ。きみを成長《せいちょう》させてくれるのは、だれよりもきみ自身《じしん》なんだ。

原文《げんぶん》

「天《てん》は自《みずか》ら助《たす》くる者《もの》を助《たす》く」……「自分自身《じぶんじしん》を助《たす》ける」という自助《じじょ》の精神《せいしん》は、本当《ほんとう》の意味《いみ》での個人《こじん》のあらゆる成長《せいちょう》の基盤《きばん》です。

Q 勉強《べんきょう》する意味《いみ》ってなに？

A 人生《じんせい》のスタートは同《おな》じだけど、学《まな》ぶか学《まな》ばないかで差《さ》は出《で》るよ。

なんだか
世界《せかい》が広《ひろ》くなったような
気《き》がするよ！

学《まな》ぶかどうかで人生《じんせい》が変《か》わるよ！

「天《てん》は人《ひと》の上《うえ》に人《ひと》を造《つく》らず人《ひと》の下《した》に人《ひと》を造《つく》らず」って、きみは聞《き》いたことがあるかな？　学《まな》ぶことのたいせつさを教《おし》え続《つづ》けた諭吉《ゆきち》せんせいの、とっても有名《ゆうめい》なことばだよ。「人間《にんげん》にはもともと身分《みぶん》の上下《じょうげ》はなく、みんな平等《びょうどう》だ」という意味《いみ》なんだ。

じつは、このことばといっしょに、諭吉《ゆきち》せんせいはもう1つとても重要《じゅうよう》なことをいっているよ。それは、「すぐれた人《ひと》とそうでない人《ひと》のちがいは、勉強《べんきょう》するかどうかで決《き》まる」ということ。人《ひと》は同《おな》じスタート地点《ちてん》から出発《しゅっぱつ》するけれど、勉強《べんきょう》によって将来《しょうらい》にちがいが出《で》る。ちゃんと意味《いみ》を知《し》ると、きびしいことばだとわかるよね。

勉強《べんきょう》するのに疲《つか》れてしまったときは、このことばを思《おも》い出《だ》してみよう！　諭吉《ゆきち》せんせいのきびしい教《おし》えが、学《まな》ぶことのたいせつさに、もう一度《いちど》気《き》づかせてくれるはずだよ。

原文《げんぶん》

天《てん》は人《ひと》の上《うえ》に人《ひと》を造《つく》らず人《ひと》の下《した》に人《ひと》を造《つく》らずと言《い》えり。
……賢人《けんじん》と愚人《ぐじん》との別《べつ》は、
学《まな》ぶと学《まな》ばざるとに由《よ》って出来《いでく》るものなり。

Q 努力《どりょく》しているけど、結果《けっか》がイマイチ…

A 本《ほん》や先生《せんせい》から教《おそ》わるだけ。自分《じぶん》の頭《あたま》で考《かんが》えるだけ。どちらか片方《かたほう》だけでは本当《ほんとう》の力《ちから》にならないよ。

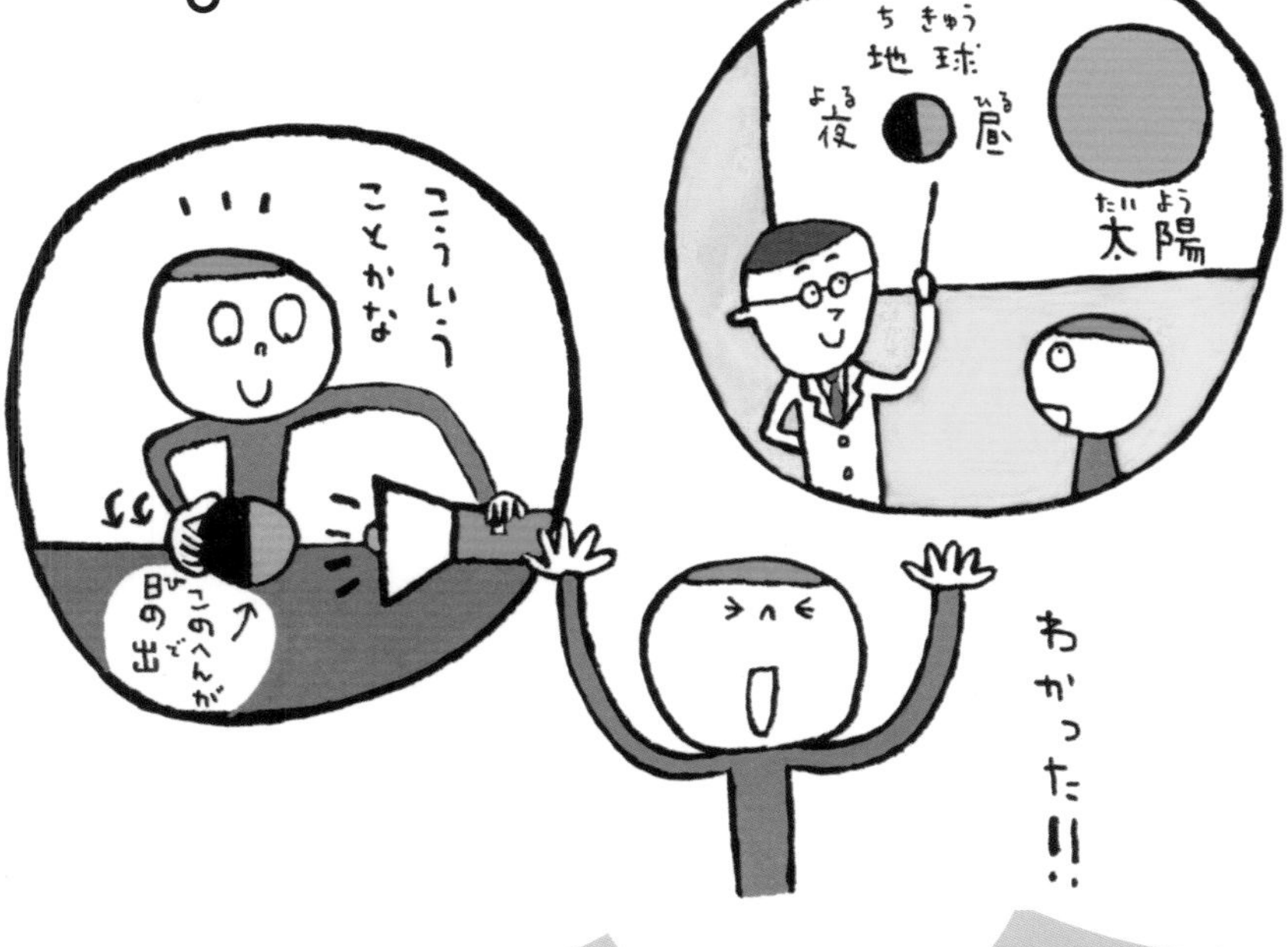

地球《ちきゅう》
夜《よる》
昼《ひる》
太陽《たいよう》
こういうことかな
このへんが日《ひ》の出《で》
わかった!!

「教《おそ》わる」と「考《かんが》える」の両方《りょうほう》を心《こころ》がけよう！

原文《げんぶん》

学《まな》んで思《おも》わざれば則《すなわ》ち罔《くら》し。
思《おも》うて学《まな》ばざれば則《すなわ》ち殆《あや》うし。

努力《どりょく》しているのに、いい結果《けっか》が出《で》ないことってあるよね。そんなときは、孔子《こうし》せんせいのことばを思《おも》い出《だ》そう。結果《けっか》を出《だ》すためには、「教《おそ》わること」と「自分《じぶん》で考《かんが》えること」の両方《りょうほう》が必要《ひつよう》なんだって。

新《あたら》しいことを教《おそ》わると、自分《じぶん》になかった知識《ちしき》が増《ふ》えていくよね。でも、教《おそ》わっただけでは不十分《ふじゅうぶん》。本当《ほんとう》に学《まな》んだことにはならないよ。自分《じぶん》の頭《あたま》でもしっかり考《かんが》えてみないと、せっかく教《おそ》わったこともけっして自分《じぶん》のものにならないんだ。

同《おな》じように、自分《じぶん》で考《かんが》えるだけでは不十分《ふじゅうぶん》。自分《じぶん》の考《かんが》えが正《ただ》しいかどうかは、自分《じぶん》ではわからないからね。先生《せんせい》から教《おそ》わったり、本《ほん》で調《しら》べたりして、自分《じぶん》の考《かんが》えが正《ただ》しいかどうかをチェックすることもたいせつなんだ。

「教《おそ》わること」と「自分《じぶん》で考《かんが》えること」、両方《りょうほう》そろってはじめて、本当《ほんとう》の力《ちから》が身《み》につくんだよ。

Q

恥《はじ》をかくのがこわい…

A

勉強《べんきょう》も習《なら》いごとも
人前《ひとまえ》に出《で》て
恥《はじ》をかいてこそ、
できるように
なるんだよ。

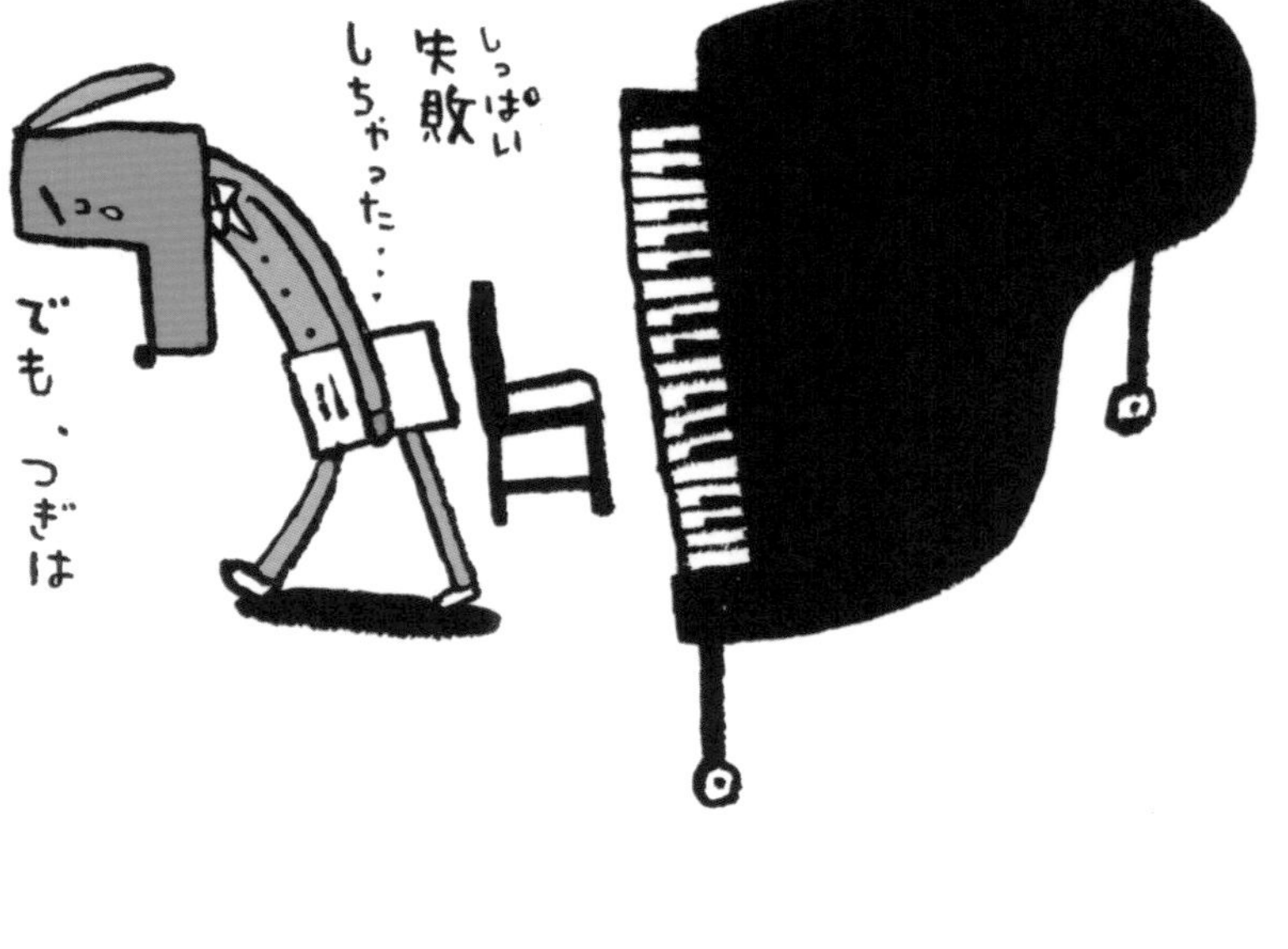

失敗《しっぱい》しちゃった…
でも、つぎは
きっとがんばるぞ!!

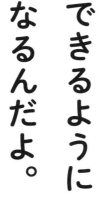

恥《はじ》をかくことをおそれない！

勉強《べんきょう》でも習《なら》いごとでも、せっかくはじめるなら、上達《じょうたつ》したいよね。兼好《けんこう》せんせいのことばには、上達《じょうたつ》をめざす人《ひと》にぴったりのものもあるよ。

兼好《けんこう》せんせいは、「じょうずにできないうちは、はずかしいから人前《ひとまえ》に出《で》ないようにしよう」と思《おも》ってはダメだといっているよ。なぜなら、「1人《ひとり》でこっそり練習《れんしゅう》してじょうずになったら、かっこいいかな」なんて、恥《はじ》をかくことから逃《に》げている人《ひと》は、結局《けっきょく》じょうずになれないし、なにも身《み》につけられないから。

はじめたばかりの人《ひと》がじょうずにできないのは、あたりまえ。だから、積極的《せっきょくてき》に人前《ひとまえ》に出《で》てみよう。もし恥《はじ》をかいても、そのくやしさがきっときみのエネルギーになって、もっと努力《どりょく》できるはずだよ。恥《はじ》をかくことは上達《じょうたつ》への近道《ちかみち》だってこと、おぼえておこう。

原文《げんぶん》

「……うち〳〵よく習《なら(い)》ひ得《え》て、さし出《い》でたらんこそ、いと心《こころ》にくからめ」と常《つね》に言《い(う)》ふめれど、かく言《い(う)》ふ人《ひと》、一芸《いちげい》も習《なら(い)》ひ得《う》ることなし。

Q がんばったからOK《オーケー》だよね？

A

努力《どりょく》したことに満足《まんぞく》してはいけないよ。結果《けっか》にこだわる気《き》もちがだいじ。

すっごくがんばったから もう いいか・・・
やったー
宝《たから》ものだ！
あれ なんで ここまで のぼったんだっけ？

努力《どりょく》している目的《もくてき》を見失《みうしな》わないで！

原文《げんぶん》

ほとんどの人《ひと》が下《した》に向《む》かって焦点《しょうてん》を合《あ》わせる。成果《せいか》ではなく努力《どりょく》に焦点《しょうてん》を合《あ》わせる。

成果《せいか》をあげるためにつみ重《かさ》ねることは、とってもだいじだよね。でも、努力《どりょく》には意外《いがい》な落《お》とし穴《あな》もあるって、ドラッカーせんせいはいっているよ。いったいなんだろう？

それは、努力《どりょく》していること自体《じたい》に、きみが満足《まんぞく》してしまうこと。努力《どりょく》だけで満足《まんぞく》してしまうと、その先《さき》にあるはずの成《せい》果《か》にたどり着《つ》くことはできないからね。

きみがいま努力《どりょく》をしているのは、「試合《しあい》に勝《か》ちたい！」とか、「だれかの役《やく》に立《た》ちたい」とか、はっきりとした目的《もくてき》があったからだよね？　努力《どりょく》はそこにたどり着《つ》くためのプロセスにすぎないよ。

そもそも自分《じぶん》はなんのために努力《どりょく》しているのか、どんな成《せい》果《か》をあげたいのか、たまには立《た》ち止《ど》まって確認《かくにん》してみよう。そうすれば、努力《どりょく》したことに満足《まんぞく》しないで、結果《けっか》にこだわる気《き》もちを忘《わす》れずにいられるよ！

きみを
助《たす》ける！

偉人紹介《いじんしょうかい》 その3

ブッダ

仏教《ぶっきょう》をはじめた人《ひと》として有名《ゆうめい》なブッダ。もとはシッダールタという名前《なまえ》で、いまから2500年《ねん》くらい前《まえ》に、インド北部《ほくぶ》の国《くに》の王子《おうじ》として生《う》まれたんだ。29歳《さい》のとき、生《い》きるとはどういうことかを知《し》るために、地位《ちい》や家族《かぞく》を捨《す》て修行《しゅぎょう》の旅《たび》に出《で》ると、35歳《さい》で悟《さと》りを開《ひら》き、ブッダと呼《よ》ばれるようになるよ。

ブッダの教《おし》えは、数百年《すうひゃくねん》かけて弟子《でし》たちがまとめ、『スッタニパータ』をはじめ、たくさんのお経《きょう》として残《のこ》されているんだ。

兼好法師《けんこうほうし》

兼好法師《けんこうほうし》は、1283年《ねん》ごろに生《う》まれ、70歳《さい》くらいまで生《い》きたと考《かんが》えられているよ。本名《ほんみょう》は、卜部兼好《うらべかねよし》といって、天皇《てんのう》の秘書《ひしょ》のような仕事《しごと》や警護《けいご》をやっていたけれど、30歳《さい》ごろに出家《しゅっけ》して、お坊《ぼう》さんになり、兼好法師《けんこうほうし》と呼《よ》ばれるようになったんだ。

どこの寺《てら》にも属《ぞく》せず、自由《じゆう》な立場《たちば》で世《よ》の中《なか》を見《み》ていた兼好《けんこう》は、見《み》聞《き》きしたことや感《かん》じたことを『徒然草《つれづれぐさ》』にまとめたよ。人生《じんせい》を楽《たの》しむヒントがつまっている1冊《さつ》なんだ。

アラン

1868年《ねん》、フランスで生《う》まれたアランは、哲学《てつがく》を学《まな》び、生涯《しょうがい》、高校教師《こうきょうし》を続《つづ》けたよ。いっぽうで、幸《しあわ》せになるためのヒントが書《か》かれた『幸福論《こうふくろん》』を出版《しゅっぱん》するんだ。ちなみに、アランという名前《なまえ》はペンネームで、本名《ほんみょう》はエミール・シャルティエというんだ。

アランが生《い》きた時代《じだい》は、第一次世界大戦《だいいちじせかいたいせん》と第二次世界大戦《だいにじせかいたいせん》という大《おお》きな2つの戦争《せんそう》が起《お》きているよ。はげしくゆれ動《うご》いた時代《じだい》だからこそ、アランは人間《にんげん》の幸《しあわ》せを追求《ついきゅう》したんだね。

第《だい》4章《しょう》

ピンチ

困難《こんなん》に立《た》ち向《む》かうためのことば

人生《じんせい》にはいろんな出来事《できごと》があるよ。
うまくいかないことや、つらいことに出合《であ》うこともあるんだ。
この章《しょう》では、そんな「ピンチ」のときに役立《やくだ》つ
困難《こんなん》に立《た》ち向《む》かうためのことばをおぼえよう。

Q ピンチのときに役《やく》立《だ》つヒントがほしい！

A

むかしのことをしっかり学《まな》び、新《あたら》しい考《かんが》え方《かた》や生《い》き方《かた》のヒントにしていこう。

こしがいたいの？
この葉《は》っぱが きくって おじいちゃんが いってたよ
いたたた

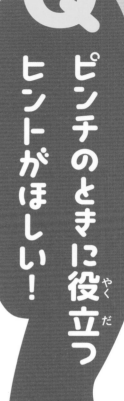

むかしのことを いまにいかそう！

きみは、「温故知新《おんこちしん》」という四字熟語《よじじゅくご》を知《し》っているかな？むかしの人《ひと》の考《かんが》え方《かた》や過去《かこ》の出来事《できごと》を学《まな》んで、そこから新《あたら》しい考《かんが》え方《かた》や生《い》き方《かた》を見《み》つけるって意味《いみ》だよ。もとは、孔子《こうし》せんせいのことばの一部《いちぶ》なんだ。

もしかしたらきみは、「むかしのものなんて役《やく》に立《た》つの？」なんて思《おも》うかもしれないね。でも、孔子《こうし》せんせいは、「むかしのことには、これからきみが生《い》きていくうえで役立《やくだ》つ知識《ちしき》や知恵《ちえ》がつまっている」といっているよ。だから、それをしっかり学《まな》んでいれば、いざというときに役立《やくだ》つんだ。

たとえばきみが、いまなにかに悩《なや》んでいるとしたら、むかしの人《ひと》の人生《じんせい》が書《か》かれた伝記《でんき》のなかに、その悩《なや》みを解決《かいけつ》するヒントを見《み》つけることだってできるんだよ。

むかしといま、よい部分《ぶぶん》はそれぞれにある。むかしのものからしっかり学《まな》んで、いまにいかしていこう！

原文《げんぶん》

故《ふる》きを温《たず》ねて新《あたら》しきを知《し》る、
以《も》って師《し》と為《な》るべし。

Q なんだかついてないな…

A

目《め》の前《まえ》の出来事《できごと》に
よい・悪《わる》いはない。
それは自分《じぶん》で
決《き》めているだけ。

わー雨《あめ》の日《ひ》は
クモのすも
お花《はな》も
みんなきれい！

見方《みかた》を少《すこ》し変《か》えてみよう！

出《で》かけようとしたら、突然《とつぜん》の雨《あめ》……。そんなことがあると「ついてないな」って思《おも》うよね。でもそんなとき、アランせんせいは、「雨《あめ》か、それも楽《たの》しいかも」といってみることをすすめているよ。

「そんなこといっても、なにも変《か》わらないよ」って、きみは思《おも》うかもしれないね。たしかに、雨《あめ》が降《ふ》っているという事《じ》実《じつ》は変《か》わらない。でもちょっと見方《みかた》を変《か》えて、「雨《あめ》も楽《たの》しいかも」といったとたん、きみのなかにあった不満《ふまん》やイヤな気《き》もちは、前《まえ》より小《ちい》さくなっているはず。雨《あめ》にぬれた草木《くさき》の葉《は》をきれいだと思《おも》える、こころのよゆうだって生《う》まれているんじゃないかな。

雨《あめ》のような、どうにもならないことで不満《ふまん》をもっても仕方《しかた》がない。見方《みかた》や考《かんが》え方《かた》をちょっと変《か》えるだけで、どうにもならないことだって、楽《たの》しめるようになるよ。

原文《げんぶん》

どうせ言《い》うのなら、「ああ！ 結構《けっこう》なおしめりだ！」と、なぜ言《い》わないのか。

Q 家族《かぞく》とケンカした！

A 家族《かぞく》だからこそ、コミュニケーションはていねいに。

ユマは
そんなに
おけしょう
しなくても
美人《びじん》だよ

合言葉《あいことば》は「やんわり」「おだやか」！

家族《かぞく》って、いつもきみのそばにいて、だれよりもきみのことをよく理解《りかい》してくれる人《ひと》だよね。そんな家族《かぞく》に対《たい》して、慣《な》れて、甘《あま》えて、ついひどいことをいってしまったこと、きみはないかな？

家族《かぞく》の関係《かんけい》について、洪《こう》せんせいはこんなルールをおすすめしているよ。家族《かぞく》どうしでトラブルが起《お》こったときは、はげしく感情《かんじょう》をぶつけないこと。そして、家族《かぞく》がまちがったことをしてしまったときは、さりげなく注意《ちゅうい》をすること。つまり、怒《おこ》りすぎず、知《し》らんぷりせず、やんわりと指摘《してき》して、おだやかに解決《かいけつ》するんだ。

家族《かぞく》はあたりまえのように自分《じぶん》のそばにいてくれると、つい思《おも》ってしまいがちだけれど、本当《ほんとう》はとくべつな人《ひと》。だからこそ、ていねいにコミュニケーションをとるように努力《どりょく》しないといけないよ。

原文《げんぶん》

家人《かじん》に過《あやまち》あらば、宜《よろ》しく暴怒《ぼうど》すべからず、宜《よろ》しく軽棄《けいき》すべからず。……春風《しゅんぷう》の凍《こお》れるを解《と》くが如《ごと》く、和気《わき》の氷《こおり》を消《け》すが如《ごと》くす。

Q 片《かた》づけ？　あいさつ？　面倒《めんどう》くさい！

A よい習慣《しゅうかん》は、こどものときほど手《て》に入《い》れやすいだいじな宝物《たからもの》だよ。

小《ちい》さいときから毎日《まいにち》やってるからね
ホホホ
キュキュ
おばあちゃんすごいね!!

よいことは自分《じぶん》の習慣《しゅうかん》にしよう！

きみのまわりにも、片《かた》づけができなかったり、約束《やくそく》の時間《じかん》が守《まも》れなかったりする、だらしのないおとながいるかもしれないね。そんなおとなにならないために、スマイルズせんせいのことばをおぼえておくといいよ。

あいさつや身《み》のまわりのことなど、よい習慣《しゅうかん》はこどものときほど、身《み》につきやすいもの。こどもはこころがやわらかいから、すぐによい習慣《しゅうかん》を手《て》にすることができるんだ。

身《み》のまわりをきちんと片《かた》づけられる習慣《しゅうかん》や、時間《じかん》をきっちり守《まも》る習慣《しゅうかん》などが身《み》についていたら、自分《じぶん》のやりたいことを計画的《けいかくてき》に進《すす》めることができる人間《にんげん》になれるし、まわりの人《ひと》から信頼《しんらい》される人間《にんげん》にもなれる。

だから、小《ちい》さなことでいいから、1つひとつよい習慣《しゅうかん》を増《ふ》やしていこう。それは、どんなときでもきみを助《たす》けてくれる、強《つよ》い味方《みかた》になってくれるはずだよ。

原文《げんぶん》

人間《にんげん》は悪《わる》い習慣《しゅうかん》があまりついていない若《わか》いうちに、いい習慣《しゅうかん》を身《み》につけたほうがいい。実際《じっさい》、習慣《しゅうかん》は若《わか》いうちほど身《み》につけやすく、一度《いちど》身《み》につけたら一生《いっしょう》のものになる。

Q

「逃《に》げる」なんてダメだよね?

A

意味《いみ》のある「逃《に》げる」だってあるんだよ。かなわないなら、さっさと逃《に》げてしまおう。

ヒーローだってたまには逃《に》げてもいいんだよ!
とりあえず逃《に》げて作戦《さくせん》たてようよー

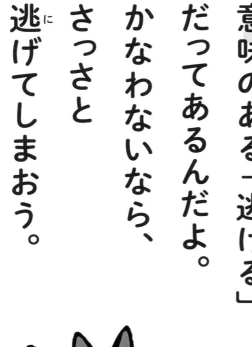

ときには 困難《こんなん》から逃《に》げよう!

困難《こんなん》に立《た》ち向《む》かっていく姿《すがた》は、まるでヒーローのようでかっこいいよね。でも、ムリをしすぎて、きみのこころやからだが、こわれてしまったらいけないよ! きみにとってなによりたいせつなのは、目先《めさき》の戦《たたか》いに勝《か》つことではなくて、自分《じぶん》を危険《きけん》な状態《じょうたい》にしないということだから。

かなわないことがわかったら逃《に》げるべきだと、孫子《そんし》せんせいもいっているよ。もちろん、困難《こんなん》な状況《じょうきょう》だからこそ、大《おお》きな力《ちから》を発揮《はっき》できるときもある。だけど、もうこれ以上《いじょう》がんばれないと思《おも》ったら、逃《に》げたってかまわないんだ。

逃《に》げることで、こころもからだもリセットすることができる。そうすれば、その困難《こんなん》に再《ふたた》び挑戦《ちょうせん》する準備《じゅんび》ができるし、べつのがんばりたいことを見《み》つけられるかもしれない。

だから、意味《いみ》のある「逃《に》げる」だってある。逃《に》げることは、けっしてはずかしいことではないんだよ。

原文《げんぶん》

少《すく》なければ則《すなわ》ち能《よ》くこれを逃《のが》れ、若《し》かざれば則《すなわ》ち能《よ》くこれを避《さ》く。

Q

つらいことばかり続《つづ》く…

A

変《か》わらないもの
なんてなにもない。
そう思《おも》えば
悩《なや》みや不安《ふあん》だって、
いつまでも
続《つづ》かないよ。

どんなことでも変化《へんか》するよ！

「諸行無常《しょぎょうむじょう》」って聞《き》いたことあるかな？　ブッダせんせいのことばのなかでも、とくに有名《ゆうめい》なものだよ。「すべてのものは変《か》わっていく」という意味《いみ》なんだ。

川《かわ》の水《みず》はとどまることもなく、流《なが》れ続《つづ》けていくよね。同《おな》じ水《みず》は、2度《ど》とやってこない。それと同《おな》じように、世《よ》の中《なか》のものは、いつも変《か》わり続《つづ》けていて、よいことも悪《わる》いことも、変《か》わらないものはなにもないってことなんだ。

きみがいま、悩《なや》んでいること、不安《ふあん》に思《おも》っていることだって、いつまでも同《おな》じじゃないよ。どんなに悪《わる》い状況《じょうきょう》だって、必《かなら》ず変《か》わっていくんだ。そのことを、しっかりおぼえておこう。そうすれば、もしも大《おお》きな悩《なや》みや不安《ふあん》があったとしても、気《き》もちが軽《かる》くなるんじゃないかな。

もうダメって思《おも》ったとき、つらいときには「諸行無常《しょぎょうむじょう》」って、声《こえ》に出《だ》していってみよう！

原文《げんぶん》

「一切《いっさい》の形成《けいせい》されたものは無常《むじょう》である」（諸行無常《しょぎょうむじょう》）と明《あき》らかな知慧《ちえ》をもって観《み》るときに、ひとは苦《くる》しみから遠《とお》ざかり離《はな》れる。

きみを
助《たす》ける！
偉《い》人《じん》紹《しょう》介《かい》
その4

スマイルズ

1812年《ねん》、イギリスの貧《まず》しい家庭《かてい》に生《う》まれたスマイルズは、家族《かぞく》の面倒《めんどう》をみるために、苦労《くろう》して医者《いしゃ》になったよ。

スマイルズは、「努力《どりょく》すればむくわれる」ということを世《よ》の中《なか》に発信《はっしん》したいと考《かんが》えていて、26歳《さい》のとき、医者《いしゃ》をやめ新聞記者《しんぶんきしゃ》になったんだ。そして、新聞記者《しんぶんきしゃ》として、すごい発明《はつめい》をした人《ひと》や、事業《じぎょう》で成功《せいこう》した人《ひと》などに出会《であ》うと、かれらの体験談《たいけんだん》を通《とお》して「努力《どりょく》のたいせつさ」をまとめ、『自助論《じじょろん》』を出版《しゅっぱん》したよ。

アドラー

アドラーは、1870年《ねん》にオーストリアで生《う》まれたよ。幼《おさな》いときに弟《おとうと》を亡《な》くしたり、自分《じぶん》も5歳《さい》のときに肺炎《はいえん》で死《し》にかけたりした経験《けいけん》から、内科医《ないかい》になったんだ。でも、患者《かんじゃ》を診察《しんさつ》するうちに、人《ひと》のこころの問題《もんだい》の重要性《じゅうようせい》に気《き》づき、心理学者《しんりがくしゃ》になったよ。

アドラーの考《かんが》え方《かた》は、「アドラー心理学《しんりがく》」と呼《よ》ばれているよ。『人生《じんせい》の意味《いみ》の心理学《しんりがく》』という本《ほん》には、幸福《こうふく》な人生《じんせい》をおくるには、どんな考《かんが》え方《かた》をしたらよいかが書《か》かれているんだ。

ドラッカー

1909年《ねん》、かつてヨーロッパにあったオーストリア＝ハンガリー帝国《ていこく》で、ドラッカーは生《う》まれたよ。政治《せいじ》・経済《けいざい》・歴史《れきし》・文学《ぶんがく》など、いろいろな分野《ぶんや》で活躍《かつやく》し、とくに経営学者《けいえいがくしゃ》として注目《ちゅうもく》されることが多《おお》いけれど、ドラッカーがもっとも興味《きょうみ》をもっていたのは人間《にんげん》そのもの。人間《にんげん》の本当《ほんとう》の幸《しあわ》せについて考《かんが》えていたんだ。

ドラッカーは、『経営者《けいえいしゃ》の条件《じょうけん》』など多《おお》くの著書《ちょしょ》を残《のこ》して、とくにビジネスの世界《せかい》で活躍《かつやく》する人《ひと》たちに影響《えいきょう》をあたえているよ。

第《だい》5章《しょう》

夢《ゆめ》

未来《みらい》を切《き》り開《ひら》くことば

将来《しょうらい》なりたいものや、進路《しんろ》のことを考《かんが》えたとき、
どう行動《こうどう》すればいいか悩《なや》むこともあるはず。
この章《しょう》では、「夢《ゆめ》」をかなえるためのアドバイスなど
未来《みらい》を切《き》り開《ひら》くことばを紹介《しょうかい》するよ。

Q

やりたいことがたくさんある！

A

本当《ほんとう》に
やりたいことを
しっかり決《き》める。
それがまず
やるべきこと。

まず1つのことに集中《しゅうちゅう》しよう！

きみには、「これをやりたい！」って思《おも》っているものはあるかな？　もしきみが1つのことだけじゃなく、いろいろなことにチャレンジしたいと思《おも》っているなら、兼好《けんこう》せんせいのこのアドバイスを聞《き》いてみよう。

兼好《けんこう》せんせいは、「まず1番《ばん》やりたいことを決《き》めて、それだけに取《と》り組《く》みなさい」といっているよ。やりたいことがたくさんあるのは、すばらしいこと。でも、1つのことをやりとげるだけでも簡単《かんたん》じゃないよ。「あれもやりたい、これもやりたい」といっていると、結局《けっきょく》なにもやりとげられずに終《お》わってしまう。だから兼好《けんこう》せんせいは、まずは1つに集中《しゅうちゅう》することがだいじだと考《かんが》えていたんだ。

なにか1つでもやりとげることは、きみの大《おお》きな自信《じしん》になるよ。その自信《じしん》があれば、新《あたら》しいことにもチャレンジしやすくなるはずだよ。

原文《げんぶん》

……第一《だいいち》の事《こと》を案《あん》じ定《さだ》めて、
その外《ほか》は思《おも》ひ《(い)》捨《す》てて、一事《いちじ》を励《はげ》むべし。

Q 将来《しょうらい》の夢《ゆめ》ってどうやって決《き》めればいいの?

A

なにかを
はじめるときは、
自分《じぶん》が
「好《す》きか嫌《きら》いか」
だけではなく、
「有利《ゆうり》か不利《ふり》か」
でも考《かんが》えよう。

ほら、やってみなさい!
せっかく魚《さかな》をつかまえやすい
つめがあるんだからね
ほんとは
木《き》の実《み》が
好《す》きなん
だよね…

好《す》き嫌《きら》いだけで判断《はんだん》しない！

きみが将来《しょうらい》の夢《ゆめ》について悩《なや》んでいるときや、進路《しんろ》に迷《まよ》ったときは、ぜひこのことばを思《おも》い出《だ》してほしい。

孫子《そんし》せんせいは、なにかをはじめるときは、そのことが自《じ》分《ぶん》にとって有利《ゆうり》か不利《ふり》かをしっかり見《み》きわめるべきだといっているよ。あたりまえに思《おも》うかもしれないけれど、自分《じぶん》の行《こう》動《どう》をふりかえってみよう。有利《ゆうり》か不利《ふり》かではなく、好《す》きか嫌《きら》いかだけで行動《こうどう》してしまっていることが意外《いがい》と多《おお》いことに、きみも気《き》づくはずだよ。

もちろんなにかをはじめるとき、好《す》きか嫌《きら》いかという基準《きじゅん》はとてもたいせつだよ。でも、それだけではなくて、有利《ゆうり》か不利《ふり》かという基準《きじゅん》でも考《かんが》えてみよう。きみにとって有利《ゆうり》か不《ふ》利《り》かは、好《す》きか嫌《きら》いかとはまったくべつなこと。人《ひと》より有利《ゆうり》なこと、得意《とくい》なことを見《み》きわめることは、夢《ゆめ》を実現《じつげん》させるための重要《じゅうよう》なポイントなんだ。

原文《げんぶん》

利《り》に合《あ》えば而《すなわ》ち動《うご》き、
利《り》に合《あ》わざれば而《すなわ》ち止《とど》まる。

Q
夢《ゆめ》があるんだけどムリかな…

A
一度《いちど》の挑戦《ちょうせん》でも、1000回《かい》のあこがれよりずっと価値《かち》があるよ。

やってみたら
できたよ—
あっちに行《い》きたいね
りんご食《た》べたいねー
でもムリ…

まず行動《こうどう》してみる！

夢《ゆめ》をかなえるためには、あこがれているだけではいけないんだって。その夢《ゆめ》を現実《げんじつ》のものにするためのアドバイスが、スマイルズせんせいのこのことばだよ。

夢《ゆめ》があることは、すてきなこと。でも、ただあこがれているだけでは、その夢《ゆめ》はしぼんでいってしまうよ。夢《ゆめ》をそのままで終《お》わらせないためには、たとえ1回《かい》でも勇気《ゆうき》を出《だ》してやってみることだよ。実際《じっさい》に行動《こうどう》してみたら、すぐ壁《かべ》にぶちあたってしまうかもしれない。でも、それはきみが本気《ほんき》で挑《ちょう》戦《せん》したからこそ、わかることなんだ。壁《かべ》があることを知《し》ったきみは、それを乗《の》りこえる方法《ほうほう》を探《さが》すことで、前《まえ》よりずっと、夢《ゆめ》に近《ちか》づくことができるよ。

きみの夢《ゆめ》をかなえるために、まずは動《うご》き出《だ》してみよう。ふみ出《だ》したその一歩《いっぽ》は、きみが思《おも》っているよりも、ずっと大《おお》きな意味《いみ》があるよ。

原文《げんぶん》

1000回《かい》あこがれるよりも、思《おも》いきって一度《いちど》チャレンジするほうがずっと価値《かち》があるのです。

Q

環境《かんきょう》が悪《わる》くて成果《せいか》が出《だ》せない…

A

成果《せいか》をあげる人《ひと》ほど
どんな環境《かんきょう》でも
自分《じぶん》にできることを
必死《ひっし》に探《さが》すよ。

「いま・ここ」から目《め》を背《そむ》けてはダメ！

うまく成果《せいか》をあげられないとき、「もっと恵《めぐ》まれた環境《かんきょう》があればいいのに……」って思《おも》ってしまうことがあるよね。だけど、それってきみだけにあてはまることかな？　どんな人《ひと》でも、完全《かんぜん》に満足《まんぞく》できる環境《かんきょう》にいるわけではないよ。

ドラッカーせんせいは環境《かんきょう》に不満《ふまん》をいうのではなく、そのなかで自分《じぶん》にできることを探《さが》すべきだといっているよ。「お金《かね》がない」「親《おや》が理解《りかい》してくれない」「時代《じだい》が悪《わる》い」……そんなふうに不満《ふまん》をいっていれば、気《き》もちは少《すこ》し楽《らく》になるかもしれない。でも、それではなんの解決《かいけつ》にもならないんだ。

どんな人《ひと》だって、いまある環境《かんきょう》でがんばっているよ。そして、成果《せいか》をあげる人《ひと》ほど、どんな環境《かんきょう》でも「いま・ここ」で自分《じぶん》にできることを必死《ひっし》に探《さが》しているものなんだ。

夢《ゆめ》をかなえるために、「環境《かんきょう》に恵《めぐ》まれていない」なんていわず、自分《じぶん》にできることを探《さが》そう！

原文《げんぶん》

「何《なに》もさせてくれない」という言葉《ことば》は、惰性《だせい》のままに動《うご》くための言《い》い訳《わけ》ではないかと疑《うたが》わなければならない。

Q あの人《ひと》のようになりたい！

A まねをしているだけでは、その人《ひと》をこえることはできないよ。

びよーん　びよーん
速《はや》い！
そうか ジャンプすれば いいのか！
それは ちがうってば

オリジナルの方法《ほうほう》を見《み》つけよう！

多《おお》くの人《ひと》は、すぐれた人《ひと》の行動《こうどう》をまねして成長《せいちょう》しようとするけれど、それだけでは、まねにした人《ひと》をこえることはできない——自分《じぶん》を成長《せいちょう》させる方法《ほうほう》について、マキャベリせんせいはこんなふうに考《かんが》えているよ。

「もっと速《はや》く走《はし》れるようになりたい！」とか、「絵《え》がじょうずな人《ひと》にあこがれる！」とか、そんな理想《りそう》があるとき、すぐれた人《ひと》を手本《てほん》にするのは、とてもよい方法《ほうほう》だよ。でも、それには注意《ちゅうい》が必要《ひつよう》！ 性格《せいかく》や能力《のうりょく》は人《ひと》それぞれだから、だれかにとってよい方法《ほうほう》が、きみにもあてはまるとは限《かぎ》らないんだ。それに、もしうまくいったとしても、どこかの時点《じてん》でまねをやめないと、その人《ひと》をこえることはできないよ。

だから、すぐれた人《ひと》を参考《さんこう》にしながら、いつかは自分《じぶん》だけの自分《じぶん》みがきの方法《ほうほう》を見《み》つけよう。その方法《ほうほう》こそ、もっときみを成長《せいちょう》させてくれるよ。

原文《げんぶん》

人間《にんげん》は……先人《せんじん》の行為《こうい》を模倣《もほう》しながら進《すす》むものだが、先人《せんじん》の道《みち》は完全《かんぜん》に辿《たど》ることができないし、目標《もくひょう》の人物《じんぶつ》の力量《りきりょう》にまで達《たっ》することはできない。

Q 理想《りそう》の自分《じぶん》になれるかな？

A

「理想《りそう》の自分《じぶん》」
「現実《げんじつ》の自分《じぶん》」
その差《さ》に
落《お》ち込《こ》むのは
よくなりたい
気《き》もちがあるから。

あがりしょうだけど
がんばって
人前《ひとまえ》に
出《で》ていたら…
もう へいき!!

劣等感《れっとうかん》を バネにしよう！

きみはまわりの人《ひと》とくらべて、「自分《じぶん》はダメだな……」と感《かん》じて、落《お》ち込《こ》んだことはないかな？　そんな感覚《かんかく》のことを劣等感《れっとうかん》というけれど、アドラーせんせいは、「劣等感《れっとうかん》は悪《わる》いことではない」といっているよ。

なぜなら劣等感《れっとうかん》があるってことは、もっとよくなりたいという気《き》もちがある証拠《しょうこ》だから。その気《き》もちがあれば、少《すこ》しでもよくなるように努力《どりょく》できるし、大《おお》きく成長《せいちょう》することにつながるよ。反対《はんたい》に、「みんなと同《おな》じくらいだからいいや」と、満足《まんぞく》してしまう気《き》もちは、きみの成長《せいちょう》をじゃましてしまうこともあるんだ。

人《ひと》と話《はな》すのが苦手《にがて》、見《み》た目《め》に自信《じしん》がない……。劣等感《れっとうかん》の原《げん》因《いん》は人《ひと》それぞれ。でも、それは悩《なや》むものではなくて、きちんと向《む》き合《あ》えば、「理想《りそう》の自分《じぶん》」に近《ちか》づくためのエネルギーになるんだよ。そうできるかどうかはきみしだいなんだ！

原文《げんぶん》

われわれは皆《みな》、ある程度《ていど》は、劣等感《れっとうかん》を持《も》っている。向上《こうじょう》したいと思《おも》う状況《じょうきょう》にいるからである。

おわりに

—おとなのみなさんに向《む》けて—

　いまの時代《じだい》を生《い》きるこどもたちは、ぼくがこどもだったころとはくらべものにならないくらい、たいへんな環境《かんきょう》をすごしているように感《かん》じます。はげしい競《きょう》争《そう》や複雑《ふくざつ》な人間関係《にんげんかんけい》など、おとなのみなさんが驚《おどろ》かれることもあるのではないでしょうか。こどもたちはおとなと同《おな》じかそれ以上《いじょう》に、悩《なや》みや不安《ふあん》を感《かん》じているかもしれません。

　そんな悩《なや》みや不安《ふあん》にふりまわされず、こどもたちを明《あか》るい方向《ほうこう》へ導《みちび》いていきたい——そう願《ねが》っても、簡単《かんたん》ではありません。とくに、「勉強《べんきょう》する意味《いみ》ってなに？」

や「将来《しょうらい》の夢《ゆめ》ってどうやって決《き》めればいいの？」など、こどもたちの率直《そっちょく》な質問《しつもん》に、うまく答《こた》えるのはむずかしいですよね。

だからこそ、ぼくは「偉人《いじん》のことば」を伝《つた》えたいです。悩《なや》み、学《まな》び、努力《どりょく》を続《つづ》けて、自分《じぶん》を成長《せいちょう》させた偉《い》人《じん》のことばには、人《ひと》びとのこころによりそい、ときにきびしく、ときにやさしく、はげまし続《つづ》ける力《ちから》があるからです。

また、親《おや》をはじめ、身近《みじか》にいるおとなが伝《つた》えようとすると、口《くち》うるさく感《かん》じられることも、遠《とお》い時代《じだい》を生《い》きた偉人《いじん》のことばなら、意外《いがい》とすんなり受《う》け入《い》れられる――そんなこどもは少《すく》なくないように思《おも》います。

ぜひ、こどもたちといっしょに、偉人《いじん》のことばとふれあってください。そして、こどもたちが自分《じぶん》の足《あし》でしっかりと人生《じんせい》を歩《あゆ》んでいけるように、ゆっくり見《み》守《まも》っていきましょう。

齋藤《さいとう》 孝《たかし》

齋藤 孝（さいとう・たかし）

静岡県生まれ。明治大学文学部教授。専門は教育学、身体論、コミュニケーション論。著書に『声に出して読みたい日本語』（草思社）、『本当の「頭のよさ」ってなんだろう？』（誠文堂新光社）、『生きかたルールブック』（日本図書センター）など多数。NHKEテレ「にほんごであそぼ」総合指導。

- イラスト　すがわらけいこ
- ブックデザイン　釣巻デザイン室（釣巻敏康・池田彩）
- DTP　アーティザンカンパニー
- 企画・編集　日本図書センター

悩《なや》みや不安《ふあん》にふりまわされない！
きみを強《つよ》くする30のことば
偉人《いじん》に学《まな》ぶ生《い》き方《かた》のヒント

2020年1月25日　初版第1刷発行

発行者　高野総太
発行所　株式会社日本図書センター
〒112-0012 東京都文京区大塚3-8-2
電話　営業部　03-3947-9387
　　　出版部　03-3945-6448
HP　http://www.nihontosho.co.jp
印刷・製本　図書印刷株式会社

ISBN978-4-284-20466-8 C8037

参考文献

『論語』金谷治訳注、岩波文庫／『論語』齋藤孝訳、ちくま文庫／『学問のすゝめ』福沢諭吉、岩波文庫／『現代語訳 学問のすすめ』福沢諭吉、齋藤孝訳、ちくま新書／『武士道』新渡戸稲造、矢内原忠雄訳、岩波文庫／『武士道 日本精神の「華」は、いかに鍛えられたか』新渡戸稲造、齋藤孝訳、イースト・プレス／『新訂 孫子』金谷治訳注、岩波文庫／『使える！ 孫子の兵法』齋藤孝、ＰＨＰ新書／『新訳 君主論』マキャベリ、池田廉訳、中公文庫／『君主論』マキャベリ、河島英昭訳、岩波文庫／『1分間君主論』齋藤孝、ＳＢ新書／『菜根譚』洪自誠、中村璋八・石川力山訳注、講談社学術文庫／『図解 菜根譚』齋藤孝、ウェッジ／『ブッダの 真理のことば 感興のことば』中村元訳、岩波文庫／『ブッダのことば スッタニパータ』中村元訳、岩波文庫／『仏道入門 四十二章経を読む』古田紹欽、講談社学術文庫／『日常生活で仏になる方法』齋藤孝、草思社／『新訂 徒然草』吉田兼好、西尾実・安良岡康作校注、岩波文庫／『使える！『徒然草』』齋藤孝、ＰＨＰ新書／『アラン 幸福論』アラン、神谷幹夫訳、岩波文庫／『本当にピンチの時に読む三大「幸福論」』齋藤孝、コスミック出版／『富と品格をあわせ持つ成功法則 自助論Self-Help』スマイルズ、齋藤孝訳、ビジネス社／『みずから運命の扉を開く法則 自助論Self-Help』スマイルズ、齋藤孝訳、ビジネス社／『スマイルズ『自助論』君たちは、どう生きるか』スマイルズ、齋藤孝訳、イースト・プレス／『人生の意味の心理学 上・下』アドラー、岸見一郎訳、アルテ／『経営者の条件』ドラッカー、上田惇生訳、ダイヤモンド社／『古典が最強のビジネスエリートをつくる』齋藤孝、毎日新聞社／『偉人たちのブレイクスルー勉強術』齋藤孝、文藝春秋

●本書は、『こども孫子の兵法』『こども菜根譚』『こども君主論』『こどもブッダのことば』『こども武士道』『こども自助論』『こどもドラッカーのことば』（以上、齋藤孝監修、小社刊）をもとに、大幅に加筆・再編集したものです。